LANDHAUSSTIL

SCHÖNER WOHNEN

LANDHAUSSTIL

ZEITLOS, GEMÜTLICH UND INTERNATIONAL: EIN STIL MACHT KARRIERE

NAUMANN & GÖBEL

INHALT

EIN STIL MACHT KARRIERE

Bei Umfragen nach dem beliebtesten Wohnstil ist er der absolute Renner. In den Einrichtungshäusern füllt er mit Abstand die größten Ausstellungsflächen. Und auf den internationalen Möbelmessen ist er auch im modernen Design als „Country Style" vertreten. Der Landhausstil befindet sich auf seinem Triumphzug. Zu Recht; denn er erfüllt unsere Sehnsüchte nach Geborgenheit, Vertrautheit und nach dem Ursprünglichen.

Dabei ist er weit mehr als ein Einrichtungsstil. Denn im Gegensatz zu anderen Stilen wie dem Biedermeier oder dem Bauhaus entstand er nicht in einer bestimmten Epoche, sondern entwickelte sich über Jahrhunderte in allen Winkeln der Welt. Seine gehobene Gesellschaftsfähigkeit begann Mitte der siebziger Jahre unseres Jahrhunderts, als sich Menschen, erschöpft von der Politisierung durch die Studentenbewegung, aufs Land zurückzogen. Bei der Kate an der Nordsee oder dem Einödhof im Allgäu legte man Gemüsebeete an und sammelte die Kraft zur Erforschung der eigenen Seele. Doch die Chrommöbel von daheim paßten nicht zur wilden Natur vor dem Landhausfenster. Man besann sich auf traditionelles Mobiliar der Region oder die schlichten Stühle, auf denen man während des letzten Griechenlandurlaubs so gerne gesessen hatte, und holte sich das Einfache und Solide ins Haus.

Der Landhausstil war geboren, doch noch verharrte er außerhalb der Städte. Erst als sich die Menschen in den achtziger Jahren vom gesellschaftlichen Leben abwendeten und sich in ihre Wohnungen als Schutzburgen zurückzogen, was die Psychologen mit dem Begriff „Cocooning" bezeichneten, galt auch in der Stadt die Devise: gemütlich, schlicht, zweckmäßig. Die Wohnung verwandelte sich vom Repräsentierobjekt zum heimeligen Ort fürs traute Beisammensein. Nicht mehr die Vernunft beherrschte die Wahl der Möbel, sondern das Gefühl. Und das Gefühl folgt

Gesellligkeit und Gemütlichkeit gehören zum Landhausstil.

nicht einer Mode, sondern sucht das Beständige. In unruhigen Zeiten, sagen die Soziologen, braucht der Mensch Ruhe und bleibende Werte in seinem Nest. Je schneller die Welt sich dreht, desto stärker benötigt der Mensch das Zeitlose. So wurde der Stil, der bis dahin am Wochenende oder in den Ferien im Landhaus zur Entspannung gedient hatte, auch in die Städte importiert. Denn schließlich hat man schon am Feierabend eine Erholung in den eigenen vier Wänden verdient.
Mittlerweile ist der Landhausstil, dem sich auch Stardesigner nicht mehr verschließen, salonfähig geworden. Und aus den ursprünglich derben, robusten Tischen oder Schränken wurden zartgliedrige und feine, die hervorragend in die kleinen, städtischen Wohnungen passen.
Allen Möbeln und Accessoires ist eines gemeinsam: Sie sind aus der Tradition des Landlebens geboren, setzen mit zarter Bemalung oder als Handarbeit auf die individuelle Note und haben als oberstes Ziel die Gemütlichkeit.
Der Landhausstil ist im Gegensatz zu anderen Stilen überall auf der Welt in unterschiedlichen Facetten anzutreffen. Wir möchten Ihnen in diesem Buch die Vielfalt der Richtungen zeigen. Dafür haben wir die schönsten Häuser und Wohnungen in Skandinavien, am Mittelmeer, in England, Frankreich, den Vereinigten Staaten und dem Alpengebiet gesucht. Sie offenbaren die regionalen Besonderheiten.
Doch wir schwelgen nicht nur beim Blick in andere Wohnwelten, sondern verraten Ihnen auch, wie Sie beispielsweise den Charme des amerikanischen Landhauses in Ihren vier Wänden verbreiten. Dafür bedarf es nicht eines Landsitzes in Montana, denn mit ausgewählten Accessoires und guten Ideen läßt sich die Lässigkeit der Staaten auch in unsere Breiten holen. Nach dem Blick in ein Haus vor Ort arrangieren wir landestypische Wohnszenen, die mit Möbeln und Accessoires, die es in Deutschland zu kaufen gibt, gestaltet wurden. Sie werden sehen, wie einfach es ist, die frische Atmosphäre skandinavischer Häuser in die eigene Küche oder die urige Rustikalität aus den Alpen ins Schlafzimmer daheim zu bringen.
Wir hoffen, daß Sie sich von diesem Buch für Ihr eigenes Zuhause inspirieren lassen. Und daß Ihnen die eine oder andere Idee hilft, Ihre eigenen vier Wände noch wohnlicher und heimeliger zu gestalten.

MITTE

Italien, Griechenland, Spanien – das klingt nach Sonne und Meer, Ferien und Strand. Auc
Himmel. Nur zur Mittagszeit flüchten die Menschen vor der Hitze in die eigenen vier Wände
Naturmaterialien geflochtene Möbel und zarte Stoffe frischen die Wohnungen auf. Auch be

Eine improvisierte Tischrunde für eine kleine Mahlzeit, die unter freiem Himmel eingenommen wird.

Die dekorative Verpackung des Olivenöls zaubert auch in einen Garten in Deutschland mediterrane Stimmung.

LMEER

iele Einheimische der Länder des Südens verbringen die meiste Zeit des Tages unter freiem
Ind dort wird das Interieur kühlend gestaltet: Terrakottafliesen am Boden, schlichte, aus
ns ist der mediterrane Einrichtungsstil beliebt, denn er bringt Urlaubsstimmung frei Haus.

Krüge aus Ton oder Terrakotta halten das eingelegte Gemüse frisch.

Getrocknete Früchte an der Hauswand werden in der südlichen Sonne zum farbenfrohen Stilleben.

KLEINE STILKUNDE

- Blau und Weiß geben den Ton an. Doch auch Naturtöne von Sand bis Schilf bestimmen das Bild.
- Steinmosaike auf Wänden, Böden und Plätzen im Garten zieren wie vor Jahrhunderten Häuser und Grundstücke.
- Terrakotta, als kühlender Bodenbelag oder zu Schüsseln und Schalen verarbeitet, ist typisch für diese Region.
- Schränke und Regale werden in den südlichen Ländern häufig aus Flechtwerk oder Metall gefertigt.
- Geschirr und Stoffe sind mit Pünktchen, Streifen oder anderen einfachen geometrischen Formen verziert.
- Oliven gehören nicht nur zu den Mahlzeiten, sondern auch als Motiv auf Vorhänge, Gläser oder in Gips auf die Wand.
- Stühle, Sessel und Sofas, die aus Naturmaterialien geflochten sind, passen ins mediterrane Ambiente.

Siesta im sonnigen Süden

In die jahrhundertealten Gemäuer eines italienischen Bauernhauses zog mit der Sanierung höchster Komfort ein. Und dank der liebevollen Renovierung wurde das Domizil in den Olivenhainen der Toskana zu einem Beispiel südlicher Lebensart.

Unter der schattigen Pergola vor dem Haus vergehen die Muße-stunden wie ein Traum. Das Pflaster der Terrasse besteht nach Bauerntradition aus zusammengetra-genen Feldsteinen.

MITTELMEER

Traditionelle Lebensart wurde hier mit höchstem Komfort vereint. Der Swimmingpool am Haus ermöglicht beim Baden den Blick über das reizvolle Orcia-Tal.

MITTELMEER

Oben: Ein einladendes Sofa mit einem frischen, karierten Stoff verströmt nicht nur am Mittelmeer entspannte Atmosphäre. Rechts: Jeder Winkel, wie dieser Mauervorsprung, wird im Landhaus liebevoll „eingerichtet". Ganz rechts: Mit einfachen Mitteln erhält das Schlafzimmer einen romantischen Touch. Über das schlichte Holzgestell des Himmelbettes wird ein heller, duftiger Stoff gelegt, den man mit Schleifen befestigen kann.

Komfort ist zwischen Antiquitäten versteckt

Wer im Landhaus wohnt, muß auf Komfort nicht verzichten. Und wer komfortabel lebt, muß auf den Landhausstil nicht verzichten. Das beweist dieses Feriendomizil in der Toskana. Das neue Bidet im Bad und der Swimmingpool im Garten wirken so, als seien sie seit Jahrhunderten fester Bestandteil von Haus und Hof.

Bei der Einrichtung hieß die oberste Devise: schlicht und mediterran ländlich. Die Betten mit einem Baldachin aus einem hellen, leichten Stoff wirken fast karg. Und auch in der Küche rahmen einfache Holzstühle den groben Tisch. Auf Tischdecken wird verzichtet. Nach Art des Landes liegen die Schneidbretter und die irdenen Gefäße für das Gemüse oder das Obst auf der schlichten Holzplatte. Als Lampenschirm dient ein einfacher Blumentopf. Was die Menschen früher aus Not machten, erscheint uns heute einfallsreich und gemütlich und verschafft diesem Einrichtungsstil seine große Beliebtheit.

Das getöpferte Service für den täglichen Gebrauch ist handgearbeitet. Dadurch sehen jede Tasse und jeder Teller etwas anders aus. Diese individuelle Note gehört zum mediterranen Landhausstil und läßt sich auch in jede Stadtwohnung holen. Und damit auch im Winter Blumen die Wohnung verschönern, werden bereits im Sommer bunte Sträuße zum Trocknen unter die Decke gehängt.

Oben: Paradekissen im Bett und ein bequemer großer Armlehnsessel sind unverzichtbare Bestandteile des mediterranen Landhausstils.
Links: Getäfelte Wände oder wie hier eine mit Holz verkleidete Decke geben auch dem komfortablen Bad mit Bidet Rustikalität.
Rechts: Die Küche steckt voller origineller Ideen; als Leuchte dient zum Beispiel ein von der Decke hängender Blumentopf mit Glühbirne.

Rustikal mit Stein, Ton und Scherben

Zum Landhaus im südlichen Stil gehören schlichte Stühle in Naturtönen und Anstriche in Blau oder Grün. Da sich das Leben in den sonnigen Breiten vorwiegend im Freien abspielt, ist das rustikale Mobiliar auch meistens für draußen geeignet. Steine, Stroh, Metall und Terrakotta sind die beliebtesten Materialien, mit denen Sie griechisches, spanisches oder italienisches Flair in Ihr Haus holen.

Rauhputz, Marineblau und ein gestreiftes Sonnensegel wecken die Erinnerung an heiße Ferientage zwischen Kreta und Kykladen. Weitere Zutaten für den griechischen Hof: ein schlichter Tisch, farbig lackierte Holzstühle mit Geflecht als Sitzfläche, Holzlamellen vor dem Fenster und Bäumchen in großen Töpfen.

MITTELMEER

Oliven schmecken nicht nur gut, sondern geben als Motiv auch einen schönen Blickfang ab. Mit Schablone, Gips und Spachtel kann man das Stuckornament auf die Wand bringen. Rechts: Der Vorhang mit den überdimensionalen Olivenzweigen wirft einen interessanten Schatten und hält gleichzeitig Fliegen und andere fliegende Insekten ab.

MITTELMEER

Oben: Die klare und schlichte Einrichtung der mediterranen Landhäuser wirkt auch in nordeuropäischen Breiten gemütlich. Weiß, Grün und Blau sind die beherrschenden Farben. Vasen, Krüge oder Teller in den Kontrastfarben Gelb oder Orange geben dem Raum zusätzliche Frische.
Rechts: Pünktchen und Blümchen als Muster auf dem Geschirr sorgten schon bei Großmutter für fröhliche Stimmung am Tisch.
Ganz rechts: Wer es ein wenig raffinierter liebt, greift zu Tellern und Tassen mit unterschiedlichen floralen Mustern, die im offenen Küchenregal zum schönen Blickfang werden.

PIMENTÓN PURO
SELINI
RESTAURANT-BAR
Η ΣΕΛΗΝΗ
Restaurant

MITTELMEER

Steine und unbehandeltes Holz holen spanische Lebensart in das Badezimmer. Eine Wand mit naturbelassenem Granitmosaik trennt Badewanne und WC. Sie ist in ein Stufenpodest aus massivem Kiefernholz eingebaut, das auch auf dem Boden verlegt wurde. Der transparente, naturfarbene Vorhang am Fenster ist aus ungebleichtem „Käseleinen", in dem die Bauern früher den Quark zum Abtropfen aufbewahrten.

MITTELMEER

Oben: Dieser Schlafraum bezieht seine Spannung aus dem Kontrast zwischen derb und fein. Wirken die gekalkte Natursteinwand und die Deckenbalken noch rustikal, erinnern die Zementfliesen mit traditionellen portugiesischen Mustern an alte Palastböden. Geschwungene Eisenmöbel und Gardinenstangen sowie weiße Stoffe mit Zierstickerei auf Betten und als Gardinen geben dem Raum das romantische Flair.
Rechts: Nach altem Vorbild wurde der Geschirrschrank aus Kastanienholz mit schlichten Metallscharnieren gebaut.
Ganz rechts: Die sanften Farbtöne von Sand und Stroh geben diesem Wohnraum eine entspannende Wirkung. Der Teppich, der in Spanien seit alters her die Steinböden bedeckt, ist ein reines Naturprodukt, das sich auch leicht entsorgen läßt.

MITTELMEER

Ein weißes Himmelbett bringt die lichte Frische eines Schlafzimmers aus dem Süden ins Haus. Der duftige Vorhang läßt die Außenwelt hinter einem Schleier verschwinden. Die in den Farben von Wasser, Himmel und blühenden Feldern gemusterte Bettwäsche ist auf Vasen, Stuhl und Leuchten abgestimmt.

MITTELMEER

Oben: Wer die Sonne zur Siesta nicht scheut, streckt sich im Hof auf dieser Liege aus Schmiedeeisen aus. Sie erscheint filigran und läßt so manchen kühlenden Luftzug durch. Die Kissen bieten den nötigen Sitzkomfort.
Rechts: Ebenfalls aus Eisen ist dieses schwarz lackierte Regal, das mit Holzbrettern als Borde versehen ist. Im Freien dient es als Ablage, doch auch im Haus macht es eine gute Figur und verbreitet mediterranes Flair.
Ganz rechts: Geflochtene Stühle und Liegen aus Rattan, Weide oder anderen Naturprodukten gehören in die Gärten der südlichen Gefilde. Sie sind nicht nur angenehmer für die Haut als Plastikliegen, sondern bieten auch einen schönen Anblick. Dazu passen Gartengeräte aus Naturstoffen.

Rechts: Zink wurde bereits von den alten Persern geschätzt. In Europa wird es seit 250 Jahren verhüttet. Gebrauchsgegenstände wie Zuckerschale und Tablett, die hier eine Einheit bilden mit blauer Serviette und weißem Porzellan, vermitteln die Stimmung südlicher Tavernen. Ganz rechts: Der blaue Schrank mit Fliegengitter, zwei Gartenstühle und ein Bistrotisch zaubern mit einfachen Mitteln Urlaubsstimmung ins Zimmer.

MILLS
EFRIGERATION

ALPENI

Hart war – und ist – das Leben der Menschen in den Bergen. Viele Höfe, Dörfer und Täle
Urgewalten erzwungene Muße ließ hier wunderbare Fähigkeiten gedeihen, die bis heut
bringen auch noch in unseren Tagen handwerkliche Kunstwerke hervor, die die schlichte

Die geflochtenen Weidenkörbe dienen nicht nur als Tragehilfen, sondern sind auch dekorative Blickfänge.

Weißes Porzellan auf weißer Spitzendecke verzaubert auch einen schlichten Tisch in eine Festtafel.

Dunkle Hölzer werden in de Möbeln verarbeitet. Drechsl

.ÄNDER

egen im Winter eingeschneit und abgeschlossen von der Außenwelt. Doch die von den rüchte tragen: Die Holzbearbeitung, die Schnitzerei, die Korbflechterei oder die Stickerei Iolzhäuser oder Höfe in den Alpen zu museumsähnlichen Sehenswürdigkeiten machen.

lpen zu Kerzenständern, Schalen oder
nd Kunstschreiner haben hier Tradition.

Flauschige Decken gehören zum alpenländischen Stil.

KLEINE STILKUNDE

- Dunkle, warmtönige Hölzer, die in den Alpen wachsen, dienen als Material für Möbel, Dielen sowie für Accessoires und die Täfelung der Wände.
- Weiße Stoffe bringen die dunklen Hölzer zur Geltung.
- Weißes Porzellan oder Geschirr mit schlichten Motiven ist typisch für den Alpenraum.
- Geklöppelte Decken und Stoffe mit Stickereien bedecken Tische und Betten oder werden zu üppigen Vorhängen verarbeitet.
- Filigrane, bunte Zeichnungen oder Schnitzereien verzieren Stühle, Sitzecken, Tische, Schränke und Wände.
- Geflochtene Körbe in unterschiedlichen Größen vermitteln alpenländisch urige Heimeligkeit.
- Hirschgeweihe oder präparierte Häupter von erlegtem Wild hängen als Jagdtrophäen an der Wand.

Stille Stunden auf der Alm

Vor 300 Jahren wurde auf diesem Bergbauernhof ein einfaches Leben geführt. Heutzutage ist höchster Komfort eingekehrt. Aber dank der liebevollen Restaurierung und Einrichtung hat er nichts von seiner alpenländischen Urigkeit eingebüßt.

Unter einer uralten Holzdecke ist der rustikale Tisch für den Festbraten gedeckt. Ein paar Kissen auf der Eckbank bieten den verwöhnten Städtern Komfort. Alte Stiche zieren die Wände.

ALPENLÄNDER

Antike Möbel wie der dekorative Herd oder die abgebeizten Truhen bringen Gemütlichkeit in die rustikale, alpenländische Küche. Bestickte Handtücher dienen als Blickfang.

Oben: Die Hausherrin sammelt Antiquitäten wie den Schrank, die Kommode und den Lehnstuhl, die aus der ehemaligen „Ruchkuchl", der Küche, heute einen edlen Wohnraum machen. Das dekorative Hirschgeweih über dem Rundbogen wird immer zur Adventszeit von Efeu umrankt. Rechts: Die Sammelleidenschaft umfaßt nicht nur Möbel, sondern beispielsweise auch Täschchen aus Metall oder kunstvoll bestickten Stoffen. Die Kollektion bildet als Ensemble an der Wand einen interessanten Blickfang.

Ganz rechts: Der dunkle Flur des mehr als 300 Jahre alten Berghofs erstrahlt im Schein der Kirchenkerzen gemütlich gelb. Diese Stimmung wird sich im Laufe der Jahrhunderte in diesem Gang kaum verändert haben.

Oben: Jeder Winkel des Hauses ist mit Fundstücken vom Flohmarkt wie Spielzeug, Bilderrahmen oder Vasen dekoriert. Ganz links: In der Bibliotheksecke wurde das Bücherregal in die Wand mit Rundbogen eingebaut. Links: Den großzügig überdachten Hauseingang, der vor Schnee und Regen schützt, dekorierte die Hausbesitzerin mit getrockneten Maiskolben und Kürbissen aus Keramik, die sie in den Leiterwagen legte.

Dunkle Hölzer und feinste Stickerei

Springende Hirsche als Motiv auf dem Schrank und grobe Weidenkörbe, in denen Kartoffeln oder Wollknäuel liegen: Wer sich den Stil der Alpenländer in sein Haus holen will, braucht urige, robuste Möbel, die durch Schnitzereien verfeinert sind, und Klöppelwerk oder Stickereien, die Wolldecken und Bezüge veredeln.

Von der modernen Einbauküche sind diese Möbel und Accessoires im Stil von anno dazumal unendlich weit entfernt. Metzgerblock, Holzbank und der Schrank mit Hirschmotiven erinnern nicht nur an Großmutters Küche, sondern schaffen auch eine Gemütlichkeit, wie man sie aus den Bergen kennt. Die Arbeitsgeräte wie Reibe, Kelle und Pfannen hängen sichtbar in Griffnähe.

ALPENLÄNDER

Oben: Dieser Waschtisch ist eine moderne Variante der Zuber und Tonnen, in denen sich in früheren Jahrhunderten die Menschen wuschen. Die weißen Leinenvorhänge und Handtücher mit Spitze, die handgearbeitet und als Mitgift vererbt wurden, geben dem Badezimmer eine altertümliche, zugleich individuelle Note.

Rechts: Die Farben Blau und Weiß bringen Frische in dieses große Bad unterm Dach. Typisch für die Alpen ist der alte Bauernschrank, der dem modernen Bad Urigkeit verleiht.

ALPENLÄNDER

Rechts oben: Dem Schlafzimmer und der Gemütlichkeit werden im Alpenraum besondere Aufmerksamkeit gewidmet. Dauneninlets werden mit Paradekissen bezogen, die sich in ihren Verzierungen unterscheiden. Denn jedes ist Handarbeit und ein Einzelstück.
Rechts unten: Außer Baumwolle und Wolle dient auch Leinen, das seit Jahrhunderten aus Flachs gesponnen wird, als Bezugsstoff. Mit raffinierten Hohlsäumen, Volants, Biesen oder goldenen Sternapplikationen werden die groben Materialien verfeinert.
Ganz rechts: Das Bauernbett erhielt mit Hilfe von Farbe und Schablone sein Rosendekor. Über dem Bett mit der zum Dekor passenden Bettwäsche schützt ein Netz vor Fliegen.

Links: Blumen, Gemüse oder Obst wie die Trauben auf dem sonnengelben Teller schmücken als Motiv den Tisch. Rechts: Auch Metall wird in den Bergen zu Möbeln wie dem offenen Regal oder dem Wandleuchter verarbeitet. Sie bringen Leichtigkeit in die dunklen Bauernstuben.

ALPENLÄNDER

Oben: Selbst ein schlichter Tapeziertisch erhält durch eine edle Baumwolltischdecke mit Durchbruchmuster und Spitzenbordüre ein Festtagsgesicht. Das Geschirr mit Gitterrand ergänzt die helle Tafel. Rechts: Stolz war die Frau des Hauses früher auf ihre Küchenhilfen, deshalb stellte sie sie für alle sichtbar und griffbereit neben die Arbeitsfläche. Eßbares wie Knoblauch, Zwiebeln, Kräuter oder getrocknete Brötchen liegen ebenfalls offen und als Anregung zum Kochen bereit.

Ganz rechts: Schlichte Ziegelsteine bedecken den Boden. Die Sitzrunde aus einfachem Tisch und Flechtsesseln lädt zum rustikalen Imbiß mit Radieschen und Melone.

In der „Guten Stube" kombinierten die Hausherren Antiquitäten mit modernem Mobiliar: Der schlichte Tisch, der um die an der Wand lehnende Platte vergrößert werden kann, paßt sich im Ton der Decke und der Kommode an. Gebogene Weidenstöcke machen aus dem schlichten Stuhl einen Armlehnsessel. Die Flächen zwischen den am Boden verlegten Hölzern wurden mit Terrakottafliesen ausgelegt. Und neben dem neuen Lichtsystem unter der Decke hängt ein Kerzenleuchter, der bei Feiern Gemütlichkeit verbreitet.

ALPENLÄNDER

Oben: Der nach traditioneller Vorlage gemauerte Grundofen spendet gesunde Wärme und bietet ein angenehmes Raumklima. Wollene Decken wärmen, bis der Kamin richtig aufgeheizt ist. Rechts: Eine alte Tür als Visitenkarte des Hauses erinnert an die Betagtheit des Gebäudes. Wer die Originaltür nicht mehr besitzt, findet bei den Unternehmen, die alte Häuser ausschlachten, meistens einen guten Ersatz. Liebevolles Detail: Ein antikes Bügeleisen hält die Tür offen. Ganz rechts: Schlichte Bauernblumen schmücken den Balkon, der ums Haus führt.

SKANDI

Wer im Norden lebt, hat eine tiefe Sehnsucht nach Licht. Vielleicht sind dort gerade deshal die Skandinavier eine Vorliebe für Farben entwickelt. Das Design ihrer Möbel ist schlicht irgendwo eine blaue Fläche – an Wänden, Möbeln oder Vorhängen – gibt, denn si

Weiß und Blau, das Wechselspiel von Wolken am Himmel, sind die typischen Farben des hohen Nordens.

In den trockenen Sommern lockt es die Skandinavier hinaus ins Freie wo robuste Stühle und Liegen zum Entspannen einladen.

NAVIEN

:lare Töne gefragt. Um der Eintönigkeit in der düsteren Jahreszeit zu entkommen, haben :lar und funktional. Und auch im Landhaus darf es rauh und einfach sein, solange es ymbolisiert ein Stück Himmel, auch wenn draußen die Dunkelheit alles verschluckt.

Auf einem traditionellen Farmhaus thront der Uhrturm mit Wetterhahn.

Bunte Gläser und farbige Stoffe sorgen auch in der sonnenarmen Jahreszeit für fröhliche Stimmung.

KLEINE STILKUNDE

- **Weiß und Blau sind die Grundtöne, die das Innere und Äußere der skandinavischen Landhäuser bestimmen.**
- **Stoffe mit einfachen Mustern wie Streifen, Karos oder Punkten in klaren, kräftigen Farben ergänzen den weißblauen Untergrund.**
- **Kiefer ist das Holz, das im Norden am häufigsten verarbeitet wird. Massive Möbel in geraden, schlichten Formen sind weit verbreitet.**
- **Der gustavianische Stil dagegen, der vor rund zwei Jahrhunderten vom Schwedenkönig Gustav III. geprägt wurde, zeugt mit leicht wirkenden Möbeln mit geschwungenen Beinen und Holzverzierungen von der Leidenschaft des Monarchen für französisches Ambiente.**
- **Die Glasbläserei hat Tradition im Norden. Sie wird auch heute in vielen Varianten weitergeführt. Deshalb gibt es dort wunderschöne bunte Gläser und Vasen.**

Das Haus der Farben am See

Die norwegischen Winter ziehen lang und dunkel ins Land. Doch mit ihrer robusten, heimeligen Einrichtung und den Wänden in verschiedenen Farben trotzt die 200 Jahre alte Bjerke-Farm heute jedem Hauch von Trübsinn.

Vom Pavillon der Bjerke-Farm reicht der Blick über den Mjøsa-See bis nach Lillehammer. Auf Bänken aus Teak und Eisen können Hausherrren und Gäste selbst bei Regen eine gemütliche Kaffeestunde verbringen.

Rechts: Im Treppenhaus prallen die Kontraste aufeinander: Wände und Decke bestehen aus alten, von den Jahrzehnten gezeichneten Balken, während die Treppe kunstvoll marmoriert wurde. Ein Flickenteppich und ein einfacher Stuhl dienen als Möblierung. Originelle Idee: die Flaschensammlung auf der Konsole über der Tür.
Ganz rechts: Durch den grünen Türrahmen geht´s in den Blauen Salon. Mehrere Farbschichten in Indigo und Ultramarinblau auf den Wänden gaben ihm den Namen. Sein Dielenboden wurde im Schachbrettmuster bemalt. In dem Regal, das in die Wand gebaut wurde, werden alte Bücher aufbewahrt. Der offene Kamin neben der Tür spendet an langen Leseabenden heimelige Wärme.

SKANDINAVIEN

Die Küche ist das Herz des Hauses. Um die offene Feuerstelle laden die langen Tische zu geselligen Treffen. Auf den Holzbänken bieten große Kissen den nötigen Komfort, um hier bis zum Morgen zu tafeln und zu feiern.

Bunte Stoffe verleihen Antiquitäten neue Frische

Hillary Clinton war hier. Der amerikanische Fernsehsender CBS sendete von hier. Und wer weiß, wer noch alles in dem Pavillon herrliche Mußestunden erlebte! 1994, als in Lillehammer am gegenüberliegenden Ufer des Mjøsa-Sees die Olympischen Spiele ausgetragen wurden, erlangte der weiße Pavillon seine internationale Berühmtheit. Doch die dazugehörende Bjerke-Farm mit ihren farbenfrohen Anstrichen und ihrer liebevoll gemütlichen Einrichtung ist nicht weniger sehenswert.

Herzstück zwischen den vielen Scheunen auf dem hügeligen Seeufer ist das rund 200 Jahre alte Haupthaus, das in Ferkelrosa aus dem Gebäudeensemble heraussticht. Drinnen duftet es nach altem Holz und Leinsamenöl, mit dem die Besitzer Wände, Dielen und Möbel nach alter Manier pflegen und schützen. „Wir wollen den Charakter des Hauses erhalten", sagt der junge Hausherr und führt durch die Farm, die seit acht Generationen im Besitz seiner Familie ist, „deshalb wurde alles behutsam restauriert".

Beim Entfernen der neueren Farbschichten an den Wänden stieß er auf die ursprünglichen Anstriche. Auf traditionelle Weise wurden sie wieder mit der Hand angemischt und neu aufgetragen. In kraftvollen Tönen erstrahlen die vielen Räume des Hauses: Rot beherrscht die Küche mit den langen Eßtischen, an denen die Hausherren mit ihren Gästen skandinavische Geselligkeit pflegen. Indigo und Ultramarin sind die Wände im Blauen Salon, der auch als Bibliothek dient, wohin man sich für Lese- und Mußestunden zurückziehen kann. Und Grün strahlt im Wohnzimmer Ruhe aus. Die rustikalen, mit der Axt gehauenen Regale, Tische und Bänke bilden eine gemütliche Einheit mit den Antiquitäten. „In diesen farbenfrohen, schlichten Räumen", sagt der Hausherr, „können wir auch den strengsten Winter überleben, ohne trübsinnig zu werden".

Oben: Antiquitäten wie Spiegel und Konsole geben den Wohnräumen Klasse. Rechts oben: Den Schlafraum schmückt eine traditionell bemalte Decke. Rechts unten: Gestreifte Stoffe frischen die alten Möbel auf.

Schlichte Form mit verspielten Details

Elegantes Porzellan und Silberbesteck, farbenfrohe Stoffe und helle, dezente Möbel: Das Interieur des Nordens hat nur ein Ziel – seine Bewohner fröhlich zu stimmen. Dafür sind fast alle Mittel recht. Sie reichen vom Fisch aus Holz bis zum Blumentopf als Kerzenständer. Wir zeigen Ihnen, wie Sie skandinavisches Flair in Ihre vier Wände zaubern.

König Gustav III., der im 18. Jahrhundert Schweden regierte, liebte die französische Lebensart. Er integrierte sie in sein heimatliches Ambiente. Es entstanden die heute wieder beliebten Möbel in dem nach ihm benannten gustavianischen Stil: Sie haben klare Linien mit romantischen Details.

SKANDINAVIEN

Ein langer Tisch gehört in die skandinavische Küche wie Heringshappen und Knäckebrot. An ihm werden die Gäste bewirtet, doch er dient auch als Arbeitsplatte. In dem abgebeizten alten Schrank liegen Bettbezüge in den nordischen Mustern – gestreift und kariert.

SKANDINAVIEN

Oben: Mit dem Ausziehtisch und zwei Stühlen im gustavianischen Stil kehrt skandinavisches Ambiente ins Haus ein. Viel Wert wird im Norden auf stimmungsvolles Licht gelegt. Hier erfüllt der Lüster diese Aufgabe. Raffiniert: die Fensterdekoration.
Rechts: Blumenornamente verzieren den Stuhl, der dank der grauen Patinierung älter wirkt. Das Netz und der Fisch erinnern ans nahe Meer.
Ganz rechts: In dieser anheimelnden Ecke ist nur der Lüster alt. Der Stuhl und die Konsole wurden nach Vorlagen aus der gustavianischen Ära neu gefertigt.

SKANDINAVIEN

Rechts oben: Auf der Farbpalette dieses Stils dominieren Blau und Weiß. Sie symbolisieren Himmel und Wolken, aber auch Wasser und Strand. Schwarz fügt sich in dieses Ambiente wie alle klaren Töne, zum Beispiel Rot, Gelb oder Orange, die zugleich als Blickfang und Belebung auf dem Vorhang dienen. Rechts unten: Einfache Muster und maritime Motive wie Fische oder Muscheln auf den Stoffen verleihen dem Landhaus nordischen Charme. Ganz rechts: Ein blauer Anstrich für den alten Gartenstuhl, ein neuer gestreifter Bezug für die Bank und ein heller Vorhang bilden den einheitlichen Rahmen dieses Zimmers, dem die Möbel aus unterschiedlichen Epochen Gemütlichkeit verleihen.

SKANDINAVIEN

Selbst wenn die Sonne nördlich des Polarkreises im Winter nicht mehr aufgeht, verspricht dieses Bad mit seinem Anstrich im Orangeton sonnige Aussichten. Der halbrunde Waschtisch mit einer Marmorauflage weckt nostalgische Gefühle. Die zarten Vorhänge mit Lochmuster lassen viel Licht durch und schützen gleichzeitig vor neugierigen Blicken.

SKANDINAVIEN

Kerzen am Bilderrahmen spenden Licht und eine beruhigende Atmosphäre. Typische Bildmotive der Region sind Segelschiffe. Rechts: Farbkleckse auf Vorhängen und Geschirr – wie die schlichten Tulpen und Herzen – haben im Norden Tradition.

SKANDINAVIEN

Feierlich ist der Tisch mit altem Porzellan, Kristallgläsern und Messingterrine für ein großes Festessen geschmückt. Früher spendete in den Landhäusern der offene Kamin Licht, doch als Ende des 18. Jahrhunderts Kachelöfen Einzug hielten, dienten Kerzen an eigens dafür konstruierten Lüstern als Ersatz.

SKANDINAVIEN

Oben: Handgefertigte Schiffsminiaturen sind beliebte Accessoires für das skandinavische Landhaus. Sie erinnern an die Nähe zu Strand und Meer und die Zeiten, in denen sich die Völker des Nordens vom Fischfang ernährten. Die Standuhr und der Sekretär sind Antiquitäten. Dazu paßt der neue Ohrensessel mit Hocker, dessen gestreifter Stoff den in Holztönen gehaltenen Raum auffrischt.

Rechts: Originelle Accessoires wie die Hängelampe, die schweren Vorhänge oder die Kissen mit Kronenmotiv geben dem alten Haus seine individuelle Note und Gemütlichkeit. Ein Muß: die Holzbank vorm Fenster.

Rechts oben: Das Regal an der Wand verändert, je nachdem wieviele Teller gebraucht werden, sein Aussehen und bietet dadurch ein abwechslungsreiches Bild. Passend zur Tür mit der echten Patina wurde ein in zartem Türkis patinierter Tisch gestellt. Lüster und Kerzenhalter an der Wand veredeln diesen schlichten Raum. Ganz rechts: Die Schwedenbank lädt mit doppelter Polsterung und bequemen Kissen zum Verweilen ein. Rechts unten: Je dunkler die Nächte im Norden, desto heller erstrahlen die Kerzen, die hier in mit Sand aufgefüllten Blumentöpfen stecken.

ENG

„My home is my castle" – Mein Heim ist mein Schloß, lautet der englische Leitspruch, de
reichen Insel bedarf es eines urgemütlichen, kuscheligen Interieurs, das alle Unbilden wie
Denn sie sind wahre Künstler im Umgang mit musterreichen, farbenfrohen Stoffen und

Ein Landhaus ist der Stolz jedes Briten. Ihm widmet er Zeit und Mühe, um sich ein gemütliches Heim zu schaffen.

Zum englischen, urgemütlichen Landhausstil gehört die Vielfalt der Muster und Farben.

Terrassen
werden von

LAND

den ganzen Stolz der Hausherren verrät. Wegen des unwirtlichen Wetters auf der regen-
Regen und Wind wettmacht. Das zu schaffen, bereitet den Briten überhaupt keine Probleme.
Blumen. Mit ihnen verwandeln sie einfache Steinkaten in kleine gediegene Landsitze.

und Gartenanlagen den Engländern liebevoll bepflanzt.

Schottenkaros geben Stoffen, Tapeten und Lampenschirmen bunte Wohnlichkeit.

KLEINE STILKUNDE

- In England werden die Häuser durch üppigen Stoffgebrauch wohnlich.
- Die Muster und Motive auf Tapeten, Vorhängen und Decken variieren. Das Mischen unterschiedlicher Stoffe ist üblich. Eine einheitliche Farbstimmung bildet den Rahmen für das abwechslungsreiche Bild.
- Offene Regale oder Borde quellen über vor drolligen Figuren, kuriosen Porzellanwaren oder bedruckten Blechdosen. Die reiselustigen Engländer sammeln Souvenirs aus aller Welt und stellen sie als Blickfang auf Tische, Kommoden oder den Kaminsims.
- Auch das Geschirr aus Steingut oder Porzellan ist mit Motiven – zum Beispiel Jagdszenen oder Landschaften – überzogen.
- Gemälde oder Fotos in opulenten Goldrahmen bedecken Wände und Kaminsims.

ENGLAND

Landleben mitten in London

Nicht nur weit entfernt von großen Städten läßt es sich urgemütlich leben. Die richtige Einrichtung sorgt gerade auch in den turbulenten Metropolen für ein stimmungsvolles Ambiente; zum Beispiel in diesem ländlich eleganten Haus in London.

Im angebauten Wintergarten blühen das ganze Jahr über Blumen. Vor der Fensterfront vermitteln die immergrünen Pflanzen das Gefühl, weit draußen zu wohnen.

ENGLAND

Oben: Das Kombinieren von unterschiedlichen Mustern liegt den Engländern im Blut. Im Schlafzimmer trifft das Karomuster des Bettes auf das Blumendekor des Sofas und die Ornamente der Tapete. Dennoch wirkt dieser Raum nicht chaotisch. Die einheitliche Farbpalette aus Beige- und Brauntönen bildet den beruhigenden Rahmen des Mustermixes. Rechts: Der Kamin in Schlafzimmern und Wohnzimmern gehört zum englischen Wohnstil. Davor laden weichgepolsterte Sessel zu langen Leseabenden oder geselligen Kamingesprächen. Den Sims und die Wand zieren gerahmte Fotos, Gemälde und auch zarte Aquarelle.

ENGLAND

Rechts oben: Blumen zieren nicht nur in der Vase den Tisch, sondern auch als Motiv das Geschirr. Besonders die Rosen, die in England seit Alters her gezüchtet werden, dienen als Thema. Dieses Porzellan wurde von Nina Campbell entworfen. Es ist von einer Rose mit Namen „Bloomsbury" inspiriert und wurde auch nach ihr benannt.
Rechts unten: Neben schwerem Silberbesteck, Porzellan in Rot-, Blau- und Goldtönen und dekorreicher Serviette und Tischdecke ziehen Kostbarkeiten wie die kleine Äffchenschale die Aufmerksamkeit auf sich.
Ganz rechts: Ein bequemes Sofa mit vielen unterschiedlich gemusterten Kissen schafft eine Atmosphäre der Gemütlichkeit.

ENGLAND

Blümchen, Streifen und Karos im Zusammenspiel

Engländer sind keine Schotten; vor allem, wenn es um die Verwendung von Stoffen geht. Bei der Ausstaffierung ihrer Häuser geizen sie weder mit Farben, noch mit Mustern. Ihre Tapeten- und Dekostoffe bieten die gesamte Farbpalette. Das ist auf dem Lande so, aber auch in der Stadt, wie dieses Beispiel aus London zeigt. Wer also seine vier Wände im üppigen englischen Stil einrichtet, sollte die Lust der Briten auf schöne Stoffe teilen und wie die Hausherrin, eine renommierte englische Einrichtungsexpertin, einfach die nähere Umgebung des Hauses außer acht lassen. Mit der Liebe zum Kombinieren und Arrangieren zauberte sie in die Räume eines Reihenhauses beispielhaft die wieder auferstandene Atmosphäre eines typischen englischen Landhauses.
Wählen Sie zuerst den Grundfarbton für Ihre Zimmer. Nun können Sie nach Herzenslaune Gardinen, Tapeten, Bettwäsche oder Decken aussuchen, die sich in die Farbpalette fügen. Stimmen die Farben, dürfen Muster in allen Variationen aufeinandertreffen.
In der Londoner Wohnung herrschen im Wohnzimmer die Rotnuancen vor. Auf die kleingemusterte Couch legte die Hausherrin Kissen mit großem Karomuster neben gestreifte und andere mit Blumenmuster. Als Rahmen des Raumes dient eine zarte Tapete mit großem Blumenmuster. Dieses breite Spektrum an Motiven und Ornamenten im Raum wirkt belebend und sorgt auch an trüben Tagen für heitere Stimmung.
Gemälde mit Jagdmotiven und schön gerahmte Familienfotos an der Wand oder auf den Beistelltischen liefern die Prise englischer Landhausromantik. Die Sammlung an edlen Geschirren stellt man sichtbar hinter die Scheiben der Vitrinen oder in offene Regale. Denn die Briten lieben Porzellan, Chinoiserien und Sammelgeschirre. Und auch ein wenig skurril darf es sein, was Muster und Motive betrifft.

Oben: Unterschiedliche Leuchten rücken jedes Ambiente in stimmungsvolles Licht. Sie ergänzen die helle Deckenbeleuchtung. Rechts: Der Billardtisch in der Bibliothek dient zur Entspannung im geselligen Kreis.

Mit Mut die Muster mischen

Formen und Farben sind dazu da, unbekümmert miteinander kombiniert zu werden. So könnte die Regel fürs Einrichten eines Landhauses im englischen Stil lauten. Doch zum echten Country Style gehören noch ein paar andere Kleinigkeiten: von der großen Steinguttasse für Tee bis zur wollenen Decke für den Abend am Kamin. Wir zeigen Ihnen, wie leicht Sie Ihr Haus gemütlich englisch einrichten können.

Stoffrollos mit leichter Karomusterung, darüber Vorhänge aus gestreiftem und Blümchenstoff – im englischen Landhaus regiert die Vielfalt. Die Kissen mit ihren unterschiedlichen Mustern setzen das gemütliche Potpourri fort.

ENGLAND

Links: Im Land der Rosenzüchter schmückt die Königin der Blumen als Motiv auch Stühle, Vasen und Teppiche. Der Barocksessel mit den geschwungenen Lehnen bietet einen kuscheligen Platz vor dem wärmenden Kamin. Rechts: Im Advent sorgen rote Schleifen an Kerzenständern und Tannensträuße für Feststimmung.

Rechts: Eine Kollektion kurioser Teller und Tassen aus aller Welt zeugt von der kolonialen Vergangenheit Englands. Die Ethnomuster oder Besonderheiten aus den ehemaligen Kolonien wie Chinaporzellan gehören heute zum englischen Landhausstil. Ganz rechts: Das Blumendekor auf Vorhang und Tischdecke ist eine Variation des aus Indien stammenden Paisleymusters, das hier mit klaren, starken Farben zum Aufheller der Küche wird.

ENGLAND

Auch der üppige Landhausstil läßt sich auf eine klare, schlichte, moderne Linie reduzieren: Dafür wurde beim Sofa und bei den Ohrensesseln auf einen gemusterten Bezug verzichtet, stattdessen sind sie mit einfarbigen Stoffen bezogen.

ENGLAND

Rechts oben: Aus Hartsteingut sind diese Jumbotassen, aus denen der traditionelle englische Tee besonders gut schmeckt. Die Dekore sind meistens gegenständlich, mitunter stellen sie ganze Szenen aus dem bäuerlichen Alltag dar.
Rechts unten: Die Bettwäsche im Schottenmuster verhindert auch auf dem Festland kleinkarierte Träume. Sie ist aus weichem Satin, der im Sommer kühlt, aber auch aus flauschigem Flanell, der im Winter vor Kälte schützt, erhältlich.
Ganz rechts: Rot, Blau und Weiß geben dem Wohnraum Wärme und Sinnlichkeit. Die antike Kommode aus dunklem Holz wurde mit dem roten Anstrich modernisiert. Der Sisalboden garantiert ein gesundes Raumklima und wirkt rustikal.

ENGLAND

Stoffe zaubern Wohnlichkeit in jeden kahlen Raum. Von alters her sind die Briten Meister im Verwenden von Tuchen. Da sie auch keine Scheu vorm Mixen der Muster haben, sind englische Landhäuser eine bunte Schatzkammer voller Karos, Streifen, Punkte und Blümchenmuster.
In diesem Raum spielt Rosa die Hauptrolle. Accessoires in Grün – wie die große Vase, die zwei Gläser auf der Fensterbank und die beiden Decken – beleben als Kontraste das helle Zimmer.

ENGLAND

Links: Die Briten lieben Gärten. Deshalb darf auch eine Bank mit weichen Kissen am Häuschen nicht fehlen. Rechts: Die Kissen, die mit Stoffen in verschiedenen Karomustern bezogen sind, verraten in diesem mit hellen Hölzern gestalteten Schlafzimmer den englischen Stil.

AME

Nordamerika ist seit Jahrhunderten ein Traumziel aller Auswanderer. Sie kamen aus allen
im Haus fertigten sie Möbel in den ihnen bekannten Formen aus amerikanischen Hölzern.
als wertvoll. Die Küchenutensilien wurden wie kleine Schätze sichtbar hingehängt. Der

Hinter den schlichten Fassaden amerikanischer Häuser verbirgt sich mitunter üppige Gemütlichkeit.

Die kargen Henkelkörbe aus Kirschholz symbolisieren den puritanischen Lebensstil der Glaubensflüchtlinge, die aus Europa nach Amerika kamen.

RIKA

'eilen der Welt und bauten ihre Häuser im heimatlichen Stil. Für eine vertraute Umgebung :rinnerungsstücke und dekorativ bemaltes Mobiliar galten – und gelten noch heute – ine schaute beim anderen ab. Und der Stil der unbegrenzten Möglichkeiten entstand.

Schatullen im Shakerstil sind heute wieder modern.

Stoffe für Vorhänge und Kissen bringen mit ihren kräftigen Farben Fröhlichkeit ins Haus.

KLEINE STILKUNDE

- Da es in Amerika viele Wälder gibt, werden die Häuser häufig aus Holz gebaut.
- Die meisten Landhäuser beherbergen Möbel verschiedener Stilrichtungen.
- In den Wohnräumen sind Farben und Muster vielfältig. Karos werden mit Blumen- oder Patchworkmustern kombiniert. Als einheitlicher Rahmen dient dieselbe Farbfamilie, aus der alle Einzelteile stammen sollten.
- Geschirr in unterschiedlichen Mustern und Formen belebt das Landhaus.
- Die Möbel sind größer, die Sofas und Sessel weicher und breiter als in Europa.
- Schlichtheit und Kargheit charakterisieren den Shakerstil, den die europäischen Glaubensflüchtlinge vor zweihundert Jahren an Amerikas Ostküste entwickelten.
- Da es in Amerika kaum echte antike Möbel gibt, werden Gebrauchsgegenstände und handgearbeitete Accessoires sehr geschätzt.

Ein Nest der reinen Nostalgie

Das Haus im amerikanischen Bundesstaat North Carolina gleicht einem Museum der ländlichen Alltagskultur in den Südstaaten. Es wurde mit viel Liebe zum feinen Detail und zur Landesgeschichte eingerichtet.

Antiquitäten aus den amerikanischen Südstaaten verleihen dem großen Wohnraum seine Einzigartigkeit. Er ist mit Holz getäfelt, an dem der Eigentümer Jagdtrophäen, Gebrauchsgegenstände und Zierat montiert hat.

Links: Nicht nur Schränke und Regale dienen als Ausstellungsfläche für Körbe, Kannen und Tassen; in jedem Hauswinkel stecken zusammengeklappte Schlittengestelle, Stühle oder antike Arbeitsutensilien. Rechts: Eine Leiter führt auf die Empore. Wie die Menschen in früheren Zeiten wirft auch der Hausherr nichts weg, sondern nutzt es; zum Beispiel die neben dem Sofa gestapelten Butterfässer als Tischchen.

Oben: Vom Schreibtisch im Erker blickt man in die weite Landschaft North Carolinas. Die Kollektion von Stühlen in Miniaturausgabe ist des Besitzers ganzer Stolz. Einige der Landhausmodelle werden – in Originalgröße – wieder gebaut. Rechts: Ein gemütlicher Ohrensessel, in dem der Farmer von der schweren Arbeit auf dem Feld ausruhte, gehört in jedes Landhaus. Gemütlichkeit mit weichen Polstern und Kissen ist Trumpf. Typisch für den amerikanischen Stil ist auch der Quilt, den der Hausherr an die Wand gehängt hat. Quilts wurden von den Siedlerinnen in gemeinschaftlicher tagelanger Arbeit aus Stoffresten zusammengenäht und Brautleuten zur Hochzeit geschenkt. Ganz rechts: In dem kleinem Raum werden alte Jagdutensilien – vom Gamsgeweih bis zum Gewehr – aufbewahrt.

LAFLIN & RAND
POWDER COMPANY

In jedem Winkel ein Stückchen Geschichte

Liebliche Hügel, grüne Weiten und hohe Bäume umgeben den Landsitz im amerikanischen Bundesstaat North Carolina. Doch auch ohne die grüne Umgebung ist dieses Haus ein wunderbares Beispiel für den amerikanischen Landhausstil. Denn es ist wie viele andere im Land der unbegrenzten Möglichkeiten ein Zuhause, in dem man so richtig entspannen kann. Dafür sorgen übergroße Polstersofas, ein Schaukelstuhl, weiche Sessel mit Armlehnen und ein langer Tisch mit vielen Stühlen, an dem Gäste beköstigt werden können.

Lässigkeit heißt die Devise in den Staaten. Und auch im Landhausstil scheint die Freiheit grenzenlos zu sein. Da steht beispielsweise ein altes wertvolles Schaukelpferd neben abgenutzten Waschschüsseln. Und der reiche Fundus an Alltagsgegenständen aus vergangenen Jahrzehnten wird zur veritablen Ausstellung erhoben.

Alte bunte Gläser zieren die Fensterbank. Lockenten aus verschiedenen Holzarten belegen ein Regal. Emailleschüsseln sind an einer Holzwand aufgehängt. Körbe und Schatullen füllen ganze Räume, und eine Möbel- und Quiltkollektion spiegelt die Geschichte der Südstaaten wider. Wer interessante Kollektionen hortet, kann sie im amerikanischen Landhausstil zur Geltung bringen. Dabei kommen auch große Objekte zu einem eindrucksvollen Auftritt. Der Hausherr in North Carolina hängte zum Beispiel seine schönsten Kanus unter die Decke des Wohnraumes. Wer in Deutschland sein Zuhause in diesem Stil einrichten möchte, kann auf Flohmärkten nach alten Kannen, Krügen oder Kerzenständern suchen und sie liebevoll in seiner Wohnung aufstellen; so auch Vogelhäuschen. Aus Platzmangel landete ein Dutzend origineller Holzexemplare im Vorgarten des Hauses in North Carolina. Ein besonderer Clou ist der Vogelbauer, der am Eingang des Grundstücks als Briefkasten dient. Zum Nachahmen empfohlen!

Oben: Alte Emailleschüsseln verschönern eine Holzwand. Rechts oben: Am großen Eichentisch bekommen die Gäste einen heißen Drink. Rechts unten: Die Kollektionen von Kannen, Krügen und Vogelhäuschen füllen das Haus bis unters Dach.

Gemixte Stile ohne Grenzen

Der Vielvölkerstaat Amerika läßt sich am besten durch sein breites Spektrum an Interieurs charakterisieren. Allen Facetten ist die Gemütlichkeit gemeinsam, deren Zeichen bequeme Polster auf großen Sofas und viele dekorative Accessoires auf dem Kamin oder den Borden sind. Nur eine Richtung hebt sich aus der Vielfalt heraus: der Shakerstil in seiner puritanischen Art. Lassen Sie sich von den folgenden Seiten anregen!

Geradlinige Möbel wie das Bett aus Buchenholz und geometrische Muster auf Bett, Vorhang, Teppich und Quilt entstammen den nordöstlichen Breiten Amerikas. Dort prägten die Shaker einen klaren Stil. Er sollte zweckdienlich und schön sein, nicht aber der Eitelkeit Vorschub leisten.

AMERIKA

Accessoires aus Naturmaterialien wie Weide, Reisig oder Holz wirken gemütlich. Und statt des Bärenfells wärmt ein farbenfroher Teppich die Füße. Rechts: Verspielte Details sind bei den Shakern verpönt. Die vielen Schubladen der Kommoden dienen ganz funktional dem Verstauen kleiner Habseligkeiten.

AMERIKA

Oben: Das Baldachinbett mit einem Rahmen aus gebürstetem, poliertem und gewachstem Eisen ist mit vier massiven Messingkugeln verziert. Vorhänge und Kissenbezüge aus Patchwork und Blümchenstoff verwandeln diesen Schlafraum in eine Kuschelinsel. Rechts: Auch Kinder lieben die Atmosphäre eines amerikanischen Landhauses. Denn in einem Bett, das in diesem Stil gemütlich und farbenfroh gestaltet wurde, gibt es immer was zu gucken. Die verschiedenen Muster auf Bettwäsche und Überdecke bilden eine bunte Spielwiese.

AMERIKA

Ein zartes Pink und weiß lasiertes Holz geben diesem Bad seinen Karibikcharakter. Lamellen vor den Fenstern filtern das Licht, und Fundstücke aus dem Meer erinnern an Urlaubsstunden in der Sonne.

AMERIKA

Oben: Rosen in der Vase und als Motiv auf Stoffen und Decken haben in Amerika Tradition. Eine Tischdecke mit der Königin der Blumen zaubert aus einem einfachen Gartentisch eine romantische Tafel, an der jeder Gast in festliche Stimmung kommt. Rechts: Unterschiedliche Rosenmotive lassen sich miteinander mischen. Kissen, die früher von Großmüttern bei Kerzenschein gestickt wurden, verbreiten auch heute in Landhäusern Nostalgie und sind weiche Polster für sentimentale Gemütslagen. Ganz rechts: Auch moderne Porzellane sowie Tabletts aus Metall oder Kunststoff nehmen das alte Rosenmotiv auf, das auch auf Bordüren für die Wand vorkommt.

AMERIKA

Oben: Die Farben und Muster der amerikanischen Flagge gibt es auch als Tischauflage und Teller. Dazu paßt schlichtes Holzbesteck.

Rechts: Im Jahr 1774 siedelten sich die Shaker an der amerikanischen Ostküste an. Die geschickten Handwerker der Glaubensgemeinschaft bemühten sich bei ihrer Möbelherstellung um Zweckmäßigkeit.

Bis heute werden die Möbel wie beispielsweise Bett, Stühle und Nachttische originalgetreu nachgebaut.

AMERIKA

Oben: Weiche, bequeme Sessel und Sofas im Mustermix gehören zum amerikanischen Landhausstil. Rechts: Den hellen Ton der Karibik ergänzen Pastellfarben und Motive aus dem Meer. Ganz rechts: Dieser Raum beherbergt alles, was zum Glück der frühen Siedler gehörte: einen Schaukelstuhl, Körbe für das Obst und Gemüse vom eigenen Land, Decken, ein Holzregal für die wenigen Habseligkeiten, einen bequemen Ohrensessel für das Nickerchen zwischendurch und an der Wand den Quilt, der in Handarbeit von der Dorfgemeinschaft zusammengenäht und bei der Heirat als Mitgift überreicht wurde.

FRANK

Vor rund drei Jahrhunderten machte Ludwig XIV., der Sonnenkönig, mit seiner opulenten
unserer Nachbarn. Bei aller Schlichtheit wird auch in den französischen Landhäusern niemal
Vorhänge, edle Accessoires und kräftige Farben wird aus einfachen Räumen ein Blaue

Steingutgefäße wie Kanne und Weinkühler haben nicht nur rustikalen Charme, sie sind auch gut, um Getränke kühl zu halten.

Ein schmiedeeisernes Bett mit geschwungenem Kopfteil und Spitzenbettwäsche bietet herrlichen Komfort.

REICH

ebensführung von sich reden. Bis heute gehören Luxus, Genuß und Sinnlichkeit zum Alltag n guten Speisen, schweren Stoffen und Antiquitäten gespart. Mit Sinn für raffiniert drapierte der Roter Salon, in dem sich auch der Sonnenkönig mit seinem Hofstaat wohlgefühlt hätte.

Auch im Badezimmer gehört Luxus zur angenehmen Lebensart.

Krüge und Teller aus marmoriertem Ton haben in Frankreich Tradition.

KLEINE STILKUNDE

- Schwere Stoffe mit raffinierten, großzügigen Mustern garantieren französische Gemütlichkeit.
- Kräftige Farben, Rot und Grün, herrschen vor, doch im Süden sorgen auch Pastelltöne für Frische.
- Das Drapieren von üppigen Vorhängen, die mit Raffinesse genäht und mit Quasten und Metallaccessoires verziert sind, hat Tradition.
- Bequeme Holzmöbel und leicht wirkende Sitzgruppen aus Metall laden im Garten zur Entspannung ein.
- Gußeisernes Kochgeschirr schont in Frankreich seit Jahrhunderten das Essen beim Dünsten und Garen.
- Die Palette der Service reicht von handgearbeiteten, farbenfrohen Töpferwaren aus der Provence bis zu feinen Porzellanen, die mit einem zarten Goldrand veredelt werden.

FRANKREICH

Pariser Chic in der Provence

Auf der Suche nach einem Ferienhaus fand ein Ehepaar einen jahrhundertealten Bauernhof im Süden Frankreichs. Beim Umbau entpuppte sich das Gemäuer als Märchenschloß, auf dem die beiden nun das Leben genießen.

Rund ums Haus gibt es Terrassen, wo man zu jeder Tageszeit vor der Sonne flüchten oder ihre ersten wärmenden Strahlen suchen kann. Auch die Festtafeln werden meistens im Freien gedeckt.

FRANKREICH

Oben: Die Räume des ehemaligen Bauernhofs mit seinen gut erhaltenen Gewölbedecken gehen ineinander über. Neu verlegte Treppen überwinden Höhenunterschiede. Die Zimmer erhielten einen frischen Anstrich und wurden mit Antiquitäten möbliert. Rechts: Am Ende der Zimmerflucht im Erdgeschoß liegt der Blaue Salon. Er diente früher als Kornspeicher, Abstellkammer und Vorratsraum. Heute verbringen die Hausherren am wärmenden Kamin gesellige Winterabende. Die Einrichtung besteht aus antiken Stücken wie dem prunkvollen, restaurierten Kutscherbock.

FRANKREICH

Oben: Ineinanderübergehende Räume wie hier die Küche und das Eßzimmer, die durch einen halbhohen Einbauschrank getrennt sind, entsprechen dem Lebensgefühl im Landhaus. Denn dort wird das gesellige Leben gepflegt. Rechts: Natursteine als Bodenbelag gehören zum französischen Stil. Ganz rechts: Antiquitäten wie der Tisch, an dem früher die Mönche eines Klosters speisten, oder die Anrichte werden mit einem neuen Anstrich aufgefrischt.

FRANKREICH

Oben: Die weiß lackierte ehemalige Ladenkommode bietet jede Menge Stauraum für Kleinigkeiten und zieht gleichzeitig als Stellfläche für ein dekoratives Arrangement die Blicke auf sich. Rechts: Das Himmelbett erhielt einen blauen Anstrich und mit den gerafften weißen Vorhängen eine romantische Note. Die Wände des Schlafzimmers wurden rundum mit Wandfresken im pompejanischen Stil bemalt. Diese Gemälde verwandeln das schlichte Bauernhaus innen in ein französisches Lustschlößchen, das seinen Wahlverwandten an der Loire kaum nachsteht.

Ein Gemäuer mit starker Farbgebung

Die französische Lebensart ist sprichwörtlich und verheißt seit Jahrhunderten Luxus und Genuß. Folglich bleibt es auch im Landhaus dieser Region nicht karg und spartanisch, sondern Üppigkeit und Opulenz geben den Ton an. Freunde dieses sinnlichen Stils werden auch beim Einrichten ihrer Wohnung nach französischem Vorbild ihre Freude haben; wie das Pariser Ehepaar beim Gestalten seines Ferienhauses in der Provence.
Das Gebäude wurde vorwiegend mit Secondhand-Materialien renoviert. Das garantiert, daß der ursprüngliche Charakter des Hauses erhalten bleibt. Auch in Deutschland gibt es mittlerweile viele Händler von alten Türen, Fenstern und Bauelementen, an die man sich bei der Renovierung seines Hauses wenden kann, um es stilgerecht wieder herzurichten.
Im Inneren des ehemaligen Bauernhauses ließen die beiden neuen Besitzer ihrer Vorliebe für die Farbe Blau und für goldene Verzierungen freien Lauf. Im Schlafzimmer, das mit opulenten Himmelbetten und italienischen Konsoltischchen eingerichtet ist, erhielten die Wände Fresken nach pompejanischem Vorbild, so daß es wie die Kulisse eines historischen Films anmutet. Um sich in diesem Stil einzurichten, darf man ohne Rücksicht auf Verluste Antiquitäten und Wände in Farbe tauchen oder mit Bildern und goldenen Ornamenten verzieren. Besondere Aufmerksamkeit wird den Vorhängen gewidmet: Viel Stoff und raffinierte Drapierung, lautet die Devise des französischen Landhausstils.

Die Polstermöbel aus dem 18. Jahrhundert erhielten neue Bezüge. Die Kleidung hängt zur besseren Durchlüftung an einer Garderobe, die als Schrankersatz dient.

Ein Fest für Augen, Gaumen und Nase

Die französische Lebensart setzt auf die Kraft der Sinne. Deshalb sind auch bei der Einrichtung starke Farben, opulente Formen und Naturmotive beliebt. Wer Stoffe liebt, kann darin schwelgen und seine Fenster mit üppigen Vorhängen verkleiden. Den Hang zur Geschichte belegen alte Stiche an den Wänden oder Antiquitäten.

Mit wenigen Tricks wird aus einem Flur ein romantischer Raum im französischen Stil: Die Farben der Provence, Piniengrün und Lavendelblau, frischen den dunklen Raum auf. Getrocknete Sträuße verströmen angenehme Düfte. Gemüse und Gartenblumen schmücken als Motive in schlichten Rahmen den Treppenaufgang.

Rechts oben: Der duftige Stoff, Organdy, verwandelt einen schlichten Gartentisch in eine kleine, verträumte Tafel. Organdy verhilft Ballkleidern zum großen Auftritt, weil er hauchzart und gleichzeitig steif wie Taft ist. Einfaches Geschirr, eine Glasvase und ein paar Früchte laden zur Erfrischung am Nachmittag.
Rechts unten: Auch am Abend macht die hohlsaumverzierte Organdydecke eine gute Figur und zaubert Feststimmung in den rustikalen Innenhof.
Ganz rechts: Stühle mit zierlichen Eisengestellen und eine robuste Holzplatte für den Tisch bilden eine lauschige Sitzgruppe vor dem rebenbewachsenen Hof. Dazu passend: ein bunter Strauß aus dem Bauerngarten.

FRANKREICH

Rechts: Die Franzosen lieben üppige Roben fürs Fenster. Dafür wählen sie Stoffe mit opulenten Mustern. Die Gardinen hängen an Stangen, die selbst kleine Kunstwerke und ein Blickfang sind. Auf den duftigen Voile wurden Blüten aus Stoff genäht. Auch die Vorhangstange aus Stahl und Messing erhält eine zusätzliche Verzierung: kleine Knöpfe aus Metall. Ganz rechts: Ein Streifen- und ein Blumenstoff wurden hier zu Vorhangschals mit einer dekorativen Stehsaumnaht aneinandergenäht. Die Bahnen sind mit einem Dreierfaltenband gerafft. Ein stoffbezogener Knopf ziert die Stelle, an der die Falte aufspringt. Hinterm Vorhang hält ein Raffrollo aus edlem Seidentaft mit einer Rüschenbordüre die pralle Sonne ab.

FRANKREICH

Rechts oben: Wer in die Fensterverkleidung investiert, holt französische Lebensart ins Haus. Den Vorhang aus elegantem weißen Jacquard, der mit einem beigeweißen Streifenstoff gefüttert und eingefaßt ist, schmücken Stoffrosetten an Oberkante und Raffhaltern. Rechts unten: Zierliche Metallbetten und ein dazu passendes Metallregal, in dem Körbe als Schubladen fungieren, geben diesem Schlafzimmer seine Leichtigkeit. Und der sonnige Vorhang sorgt für Fröhlichkeit. Ganz rechts oben: Weiß gestrichene Holzpaneele an den Wänden und ein Teppich in Pastellfarben bilden den Rahmen für das kuschelige Schlafzimmer. Als Gardinenstange wurden Stöcke über dem Fenster montiert. Ganz rechts unten: Die Liebe zur Geschichte wird in der Wandbekleidung aus Stuck und dem Vorhang mit Scherenschnitten und Noten dokumentiert.

FRANKREICH

Die sprichwörtliche Sinnesfreude der Franzosen spiegelt sich auch in ihrer Liebe zu Farben wider. Im Schlafzimmer dürfen warme Rottöne auf Vorhängen, Bettwäsche, Polstermöbeln und Accessoires vorherrschen. Das Apfelmotiv auf den Stoffen korrespondiert als Erinnerung an Evas Verführung mit dem Stuhlbezug. Die schmiedeeisernen Verzierungen des Himmelbettes finden ihre schöne Entsprechung an den Gardinenstangen, an deren Enden kleine Vögel thronen.

FRANKREICH

Oben: Kissen in Herzform oder mit einem Herzmotiv haben im Land der Liebe Tadition. Rechts: Bei rot-weiß gestreiften Polsterbezügen und hellem Holzboden haben selbst kalte Herbsttage keine Chance, Trübsinn zu verbreiten. Zu dem breiten, bequemen Sessel paßt die antik aufbereitete Kommode. Ganz rechts: Die klassischen Zementfliesen, die die halbe Wand der Küche bedecken, lassen selbst die modernen schlichten Möbel davor heimelig wirken.

LAIT
VIN
DE
FRANC
HUILE
OLIVES

Rechts oben: Die Tischkultur hat im Land der Genießer einen hohen Stellenwert. Das einfarbige Tischtuch und der sonnengelbe Platzteller bringen das provenzalische Geschirr mit seinen raffinierten Motiven sehr gut zur Geltung. Rechts unten: Das helle, klassische Service erhält mit dem Platzteller in Türkis einen spannenden Kontrast. Weinranken und Trauben werden als Tischdekoration direkt von der Hauswand gepflückt und auf die edle Tafel gelegt. Ganz rechts: Das handbemalte Frühstücksgeschirr in Blau-Weiß stammt vom Markt in St. Tropez. Hier bildet es eine Einheit mit der blauen Decke und den Kissen, die aus einem Stoff mit ähnlichem Motiv genäht worden sind.

nice-matin
Yann Piat :
confusion des
témoignages

Sonderausgabe der Naumann & Göbel
Verlagsgesellschaft mbH in der VEMAG Verlags- und Medien
Aktiengesellschaft, Köln

Herausgeberin: Angelika Jahr
Konzeption und Redaktion: Doris Cebulka
Art-Director: Claus Wesselhöft
Lektorat: Hans-Joachim Györffy
Layout: Jürgen Engel

Fotos: Andreas von Einsiedel, Alan Ginsburg,
G+J Fotoservice: Uthoff, Hayo Heye, Peter Lembke,
Daniel H. Minassian, Winfried Nörenberg, Rudolf Nüttgens,
Picture Press: Schneider/Will, Gary Rogers, Jeanette Schaun,
Hans Joachim Schmidt, Fritz von der Schulenburg,
Ralf-C. Stradtmann, Richard Stradtmann, Ilse Thoma,
Stefan Thurmann, Hajo Willig

Styling & Produktion: Regine Alberts, Susanne Benoit,
Barbara Gräfin v. Bothmer, Peter Fehrentz,
Uschi Hußmann-Dilger, Gisela Koch, Eva-Maria Kraiker-Stübing,
Vivi Lerche, Andreas Lichtenstein, Richard Lotzmann,
Günther Meierdierks, Christina Naura, Heidrun Perdikas,
Gisella Pfander, Graziela Preiser-Nägel, Angelika Schildt,
Gesine Schindler-Zimmermann, Beate Slipher,
Bernd Störtebek, Bettina Wehowsky

Gesamtherstellung:
Naumann & Göbel Verlagsgesellschaft mbH, Köln

ISBN 3–625–11502–6